Sylwia Erdmanska-Kolanczyk

Backen mit 3 Zutaten

Sylwia Erdmanska-Kolanczyk

Backen mit 3 Zutaten

50 raffinierte Rezepte für Kekse, Kuchen, Snacks und herzhaftes Gebäck

riva

Bibliografische Information der Deutschen Nationalbibliothek
Die Deutsche Nationalbibliothek verzeichnet diese Publikation in der Deutschen Nationalbibliografie. Detaillierte bibliografische Daten sind im Internet über http://d-nb.de abrufbar.

Für Fragen und Anregungen
info@rivaverlag.de

Originalausgabe

1. Auflage 2019

Nymphenburger Straße 86
D-80636 München
Tel.: 089 651285-0
Fax: 089 652096

Redaktion: Caroline Kazianka
Umschlaggestaltung: Melanie Kretzschmar
Umschlagabbildung: Sylwia Erdmanska-Kolanczyk
Satz: inpunkt[w]o, Haiger (www.inpunktwo.de)
Druck: Florjancic Tisk d.o.o., Slowenien
Printed in the EU

ISBN Print 978-3-7423-0856-6
ISBN E-Book (PDF) 978-3-7453-0497-8
ISBN E-Book (EPUB, Mobi) 978-3-7453-0498-5

Weitere Informationen zum Verlag finden Sie unter

www.rivaverlag.de

Beachten Sie auch unsere weiteren Verlage unter www.m-vg.de

Inhalt

LOVE

Weniger ist manchmal mehr

Liebe Bäckerinnen und Bäcker,

ich bin Sylwia, und ich hatte schon immer große Sehnsucht nach ländlicher Idylle und war begeistert von der unkomplizierten Küche meiner Oma. Doch was war ihr Geheimnis?

Früher war die Küche sehr einfach gehalten, man war oftmals ein Selbstversorger und zum aufwendigen Kochen blieb da wenig Zeit. Aus fast nichts wurden kulinarische Erlebnisse gezaubert. Wenige Zutaten, wenige oder gar keine Gewürze, sogar kaum Salz und Pfeffer. Eine Küche, reduziert auf das Notwendige. Das hat mir schon immer gefallen.

Deshalb habe ich für dieses Buch *Backen mit 3 Zutaten* lauter Rezepte zusammengestellt, bei denen die Zutatenliste wirklich kurz ist und die Zubereitung schnell geht. Drei Zutaten, mehr braucht es nicht, um etwas Feines zu backen. Ganz gleich, ob es sich dabei um Brownies, Biskuitplätzchen oder zuckersüße Zimtkekse handelt – die hier vorgestellten Backrezepte sind kinderleicht, preiswert und vor allem verführerisch lecker!

Die Rezepte sind so angelegt, dass Sie keine prall gefüllte Vorratskammer brauchen, lange Einkaufslisten bewältigen oder stundenlang vorbereiten müssen. Alltagsstress, wenig Zeit oder einfach keine Lust, lange am Herd zu stehen? Dann ist dieses Buch genau das richtige für Sie.

Und es gibt noch einen weiteren Vorteil. Denn wie oft kommt es vor, dass man spontan Lust auf ein Stück Kuchen bekommt oder sich überraschend Besuch einstellt? Der Blick in den Kühlschrank oder Vorratsschrank verrät dann allerdings, dass nur mehr das Nötigste im Haus ist. Pech gehabt? Ganz im Gegenteil! Mit den folgenden Rezepten können Sie genau aus diesen Zutaten im Handumdrehen etwas Schmackhaftes zubereiten, ohne zuvor noch einkaufen gehen zu müssen. Das spart Zeit und Nerven.

Damit Sie für alle Fälle gerüstet sind und dabei auch ein wenig Abwechslung haben, lohnt es sich, sich einen kleinen Lebensmittelvorrat mit gut haltbaren Produkten zuzulegen. So haben Sie immer ausreichend Zutaten, um schnell und ohne großen Aufwand etwas Leckeres zu backen.

Hier ein paar Ideen für Ihren Vorratsschrank:

- Mehl Typ 405
- Dinkelmehl Typ 630
- Zucker
- Puderzucker
- Haferflocken
- Vanillezucker
- Backpulver
- Zimt
- Ein paar Tafeln Schokolade
- Nuss-Nugat-Creme
- Erdnussbutter
- Gemahlene Mandeln und Nüsse
- Kokosraspel
- Kakao
- Schokostückchen

Als frische Zutaten empfehlen sich:

- Eier
- Milch
- Hefe
- Butter
- Blätterteig
- Bananen

Wenn Sie auf diesen Fundus zurückgreifen können, können Sie in aller Ruhe Rezepte aus diesem Buch aussuchen und nach Lust und Laune entscheiden, welche Köstlichkeit es werden soll.

Alle Rezepte sind so einfach gehalten, dass nicht viele Tipps zum Vorgehen nötig sind.

Nur um Schokolade zu schmelzen, möchte ich Ihnen zwei Varianten vorstellen:

Die gängigste Methode ist das Schmelzen im Wasserbad. Hierzu die Schokolade grob hacken und in eine Glas- oder Metallschüssel füllen. Anschließend einen Topf zu drei Vierteln mit Wasser füllen.

Das Wasser auf ca. 50 °C erhitzen, aber nicht kochen.

Die Schüssel in den Topf mit dem Wasser stellen. Dabei darf kein Wasser in die Schokolade laufen.

Wenn die Schokolade zu schmelzen beginnt, mit einem Löffel umrühren. Den Herd ausstellen und die Restwärme nutzen.

Genauso gut können Sie auch mit der Mikrowelle arbeiten: *Wichtig ist, dass die Schokolade nicht zu heiß wird.* Die Schokolade zerkleinern, in eine mikrowellengeeignete Schüssel geben und 1–2 Minuten bei 600 Watt schmelzen lassen. Bei Bedarf umrühren und eventuell den Vorgang noch kurz wiederholen.

Nun aber genug Theorie, jetzt geht es ab in die Küche!

Viel Spaß beim Nachbacken
Ihre Sylwia

Kleingebäck und Kekse

Apfelrosen

FÜR 5–6 ROSEN
ZEITBEDARF: 15 MINUTEN • 30 MINUTEN BACKEN

ZUTATEN:

- 2–3 große Äpfel
- 1 Packung Blätterteig aus dem Kühlregal
- 2–3 EL Aprikosenkonfitüre

- Muffinblech oder Muffinförmchen
- Papierförmchen

1. Den Backofen auf 180 °C Ober-/Unterhitze vorheizen.
2. Die Äpfel waschen, halbieren und das Kerngehäuse entfernen. Fruchtfleisch in sehr dünne Scheiben schneiden.
3. Blätterteig ausrollen und in 5–6 gleich breite Streifen (ca. 4 cm breit) schneiden. Mit Konfitüre dünn einpinseln.
4. Die Apfelscheiben der Länge nach nebeneinander leicht überlappend auf die Blätterteigstreifen legen, dabei an den Enden ca. 1 cm frei lassen. Nun den frei gelassenen Rand über die Apfelscheiben klappen und die Blätterteigstreifen von dieser Seite aus aufrollen.
5. Die Rollen in die mit Papierförmchen ausgelegten Mulden eines Muffinblechs setzen und ca. 25–30 Minuten im Ofen goldbraun backen.

Wer will, kann die fertigen Apfelrosen mit Puderzucker bestäuben.
Statt Aprikosenkonfitüre können Sie Ihre Lieblingskonfitüre wählen.

Biskuitplätzchen

FÜR CA. 20 STÜCK
ZEITBEDARF: 15 MINUTEN • 10 MINUTEN BACKEN

ZUTATEN:

2 Eier (Größe M)
75 g Zucker
100 g Weizenmehl Typ 405

1. Backofen auf 180 °C Ober-/Unterhitze vorheizen. Ein Backblech mit Backpapier auslegen.
2. Die Eier und den Zucker in einer Schüssel mit dem Handrührgerät schaumig schlagen, bis eine cremige und glänzende Masse entstanden ist. Das Mehl dazusieben und vorsichtig unterrühren.
3. 1 EL Teig auf das Backblech setzen und weitere Häufchen in ausreichendem Abstand zueinander danebensetzen. Plätzchen im Ofen in 10 Minuten hellbraun backen.

Die Kekse können Sie je nach Geschmack verfeinern, indem Sie Bourbonvanillezucker oder die abgeriebene Schale einer Zitrone oder Orange dazugeben.

Zuckersüße Zimtkekse

FÜR CA. 20 STÜCK

ZEITBEDARF: 15 MINUTEN • 15 MINUTEN BACKEN

ZUTATEN:

4 EL brauner Zucker
½ TL Zimt
1 Packung Blätterteig aus dem Kühlregal

Herz-Ausstechform

1. Den Backofen auf 180 °C Ober-/Unterhitze vorheizen. Ein Backblech mit Backpapier auslegen.
2. Zucker und Zimt in einer kleinen Schüssel miteinander vermischen.
3. Den Blätterteig auseinanderrollen. Mit der Ausstechform Herzen ausstechen.
4. Die Herzen auf das vorbereitete Backblech legen, mit der Zucker-Zimt-Mischung bestreuen und im Backofen in 15 Minuten goldbraun backen.

Sie können die Kekse schön verpacken und als süßes Geschenk aus Ihrer Küche verteilen.

Brownies

FÜR 8–10 STÜCK
ZEITBEDARF: 15 MINUTEN • 25 MINUTEN BACKEN

ZUTATEN:

2 Eier (Größe M)
400 g Nuss-Nugat-Creme
60 g Weizenmehl Typ 405

Auflaufform (28 x 20 cm)

1. Den Backofen auf 180 °C Ober-/Unterhitze vorheizen. Die Backform leicht einfetten und mit Backpapier auslegen.
2. Die Eier in einer Schüssel mit dem Handrührgerät schaumig rühren.
3. Nuss-Nugat-Creme in einer Schüssel im Wasserbad schmelzen lassen. Anschließend die Creme zu den aufgeschlagenen Eiern geben und vorsichtig unterrühren. Danach das Mehl dazusieben und unterheben.
4. Den Teig in die Auflaufform füllen und 25 Minuten im Ofen backen. Vor dem Servieren in Stücke schneiden.

Erdnussbutterkekse

FÜR CA. 14 STÜCK

ZEITBEDARF: 10 MINUTEN • 15 MINUTEN BACKEN

ZUTATEN:

260 g Erdnussbutter mit Stücken
200 g Zucker
1 Ei (Größe M)

1. Den Backofen auf 180 °C Ober-/Unterhitze vorheizen. Ein Backblech mit Backpapier auslegen.
2. Alle Zutaten in eine Schüssel geben und mit einem Kochlöffel vermengen. Dann von Hand zu einem glatten Teig kneten.
3. Aus dem Teig kleine Kugeln formen und diese mit ausreichend Abstand zueinander auf das Backblech setzen und leicht flach drücken. Mit einer Gabel ein Muster eindrücken.
4. Kekse im Backofen in 12–15 Minuten goldbraun backen.

Gesunde Muffins

FÜR CA. 9 STÜCK

ZEITBEDARF: 15 MINUTEN • 25 MINUTEN BACKEN

ZUTATEN:

3 reife mittelgroße Bananen
3 Eier (Größe M)
70 g Haferflocken

Silikonmuffinförmchen oder Muffinblech

1. Den Backofen auf 180 °C Ober-/Unterhitze vorheizen.
2. Die Bananen schälen und in einer Schüssel mit einer Gabel zu Brei zerdrücken oder mit einem Stabmixer pürieren.
3. Die Eier in einer Rührschüssel mit dem Handrührgerät schaumig aufschlagen, bis eine cremige, glänzende Masse entsteht.
4. Anschließend die Eier mit den Bananen sowie den Haferflocken vermengen. Den Teig in die Muffinformen füllen (nicht ganz voll füllen) und 20–25 Minuten im Ofen backen.

Zum Verfeinern der Muffins dem Teig noch etwas Zimt oder Bourbonvanillezucker zugeben.
Da die Muffins ohne Mehl und raffinierten Zucker auskommen, sind sie auch gut für Kleinkinder geeignet.

Haferflockenkekse

FÜR CA. 7 KEKSE
ZEITBEDARF: 10 MINUTEN • 20 MINUTEN BACKEN

ZUTATEN:

- 1 reife Banane
- 60 g zarte Haferflocken
- 1–2 EL Schokotröpfchen (optional)

1. Den Backofen auf 180 °C Ober-/Unterhitze vorheizen. Ein Backblech mit Backpapier auslegen.
2. Die Banane schälen und in einer Schüssel mit einer Gabel zerquetschen. Die Haferflocken dazugeben und vermengen.
3. Je 1 EL Teig auf das Blech setzen, platt drücken und nach Belieben mit den Schokotröpfchen bestreuen. Kekse im Ofen in ca. 15–20 Minuten goldbraun backen.

Lust auf noch mehr Kekse? Dann einfach die Zutatenmenge verdoppeln!

Haselnusskekse

FÜR CA. 14 STÜCK

ZEITBEDARF: 20 MINUTEN • 20 MINUTEN BACKEN

ZUTATEN:

3 Eiweiß (Größe M)

200 g Zucker

200 g gemahlene Haselnüsse

1. Den Backofen auf 170 °C Ober-/Unterhitze vorheizen. Ein Backblech mit Backpapier auslegen.
2. Das Eiweiß in einer Schüssel mit dem Handrührgerät steif schlagen, bis die Masse fest und glänzend ist. Anschließend den Zucker unter ständigem Rühren langsam einrieseln lassen. Dann die Nüsse unter die Eiweißmasse heben.
3. Nun mit 2 Teelöffeln Häufchen aus dem Teig auf das Backblech setzen, dabei etwas Abstand zueinander lassen. Kekse im Backofen ca. 20 Minuten backen.

Heiße Kirschtaschen

FÜR CA. 3–4 STÜCK
ZEITBEDARF: 15 MINUTEN • 25 MINUTEN BACKEN

ZUTATEN:

1 Packung Blätterteig aus dem Kühlregal
250 g Kirschgrütze
etwas Puderzucker

1. Den Backofen auf 180 °C Ober-/Unterhitze vorheizen. Ein Backblech mit Backpapier auslegen.
2. Den Blätterteig ausrollen und in 6 oder 8 gleich große Quadrate schneiden, je nachdem, wie groß die Kirschtaschen sein sollen. Auf die Hälfte der Quadrate jeweils ca. 1–2 EL Kirschgrütze verteilen.
3. Dabei darauf achten, dass an den Rändern jeweils 5 mm frei bleiben.
4. Anschließend die nicht belegten Quadrate darüberlegen. Die Seiten rundum mit einer Gabel andrücken.
5. Die Oberseite der Kirschtaschen mit einem scharfen Messer vorsichtig zweimal einritzen.
6. Die Kirschtaschen in 25 Minuten im Ofen goldbraun backen.
7. Vor dem Servieren noch mit etwas Puderzucker bestreuen. Die Taschen schmecken lauwarm am besten.

Dazu passt hervorragend Vanillesoße oder Vanilleeis.

Kleine Mascarponeküchlein

FÜR 6 PORTIONEN
ZEITBEDARF: 20 MINUTEN • 15 MINUTEN BACKEN

ZUTATEN:

200 g Vollmilch-schokolade
5 Eier (Größe M)
250 g Mascarpone

Förmchen (ca. 9 cm Ø)

1. Den Backofen auf 170 °C Ober-/Unterhitze vorheizen.
2. Die Schokolade in einer Schüssel im Wasserbad schmelzen.
3. Die Eier trennen. Das Eiweiß in einer Rührschüssel mit einem Handrührgerät steif schlagen.
4. Die Eigelbe in einer zweiten Schüssel so lange rühren, bis eine cremige Masse entsteht. Anschließend den Mascarpone sowie die geschmolzene Schokolade unterrühren. Dann den Eischnee unterheben.
5. Den Teig gleichmäßig auf die Förmchen verteilen und 15 Minuten im Ofen backen.

Mit geraspelter Schokolade bestreuen!

Kokos-Hirse-Kekse

FÜR CA. 20 KEKSE
ZEITBEDARF: 30 MINUTEN • 50–60 MINUTEN BACKEN

ZUTATEN:

300 g Hirse
200 g Kokosraspel
160 g Zucker

1. Den Backofen auf 180 °C Ober-/Unterhitze vorheizen. Ein Backblech mit Backpapier belegen.
2. Die Hirse in einem Topf mit Wasser nach Packungsanleitung weich kochen, das dauert etwa 20 Minuten.
3. Hirse in ein Sieb abgießen, abtropfen und abkühlen lassen. Danach in einer Schüssel mit dem Stabmixer pürieren. Kokosraspel und Zucker dazugeben und alles mit den Händen vermischen.
4. Aus dem Teig kleine Kugeln formen, diese auf das Backblech setzen und leicht flach drücken. Blech in den Ofen schieben und Kekse in 50–60 Minuten goldbraun backen.

SINGLE CREAM
FROM THE DAIRY

Kokosmakronen

FÜR CA. 16 STÜCK
ZEITBEDARF: 20 MINUTEN • 20 MINUTEN BACKEN

ZUTATEN:

150 g Puderzucker
4 Eiweiß
200 g Kokosraspel

1. Den Backofen auf 170 °C Ober-/Unterhitze vorheizen. Ein Backblech mit Backpapier auslegen.
2. Den Puderzucker in eine Schüssel sieben.
3. Das Eiweiß in einer zweiten Schüssel mit dem Handrührgerät steif schlagen. Anschließend den Puderzucker unter ständigem Rühren langsam einrieseln lassen. Dann die Kokosraspel unter die Eiweißmasse heben.
4. Aus dem Teig mit 2 Teelöffeln Häufchen auf das Backpapier setzen, dabei etwas Abstand zueinander lassen. Makronen 20 Minuten im Ofen backen.

Vitalkekse

FÜR CA. 8 STÜCK
ZEITBEDARF: 10 MINUTEN • 10 MINUTEN BACKEN

ZUTATEN:

200 g Beeren-Nuss-Mix, z. B. Studentenfutter
1 Ei (Größe M)
1 EL flüssiger Honig

1. Den Backofen auf 170 °C Ober-/Unterhitze vorheizen. Ein Backblech mit Backpapier auslegen.
2. Die Nüsse klein hacken und in einer Schüssel mit dem Ei und dem Honig mischen.
3. Mithilfe eines Löffels kleine Häufchen auf das Backblech setzen und platt drücken. Im Ofen 10–13 Minuten backen.

Diese gesunden und leckeren Kekse liefern noch dazu jede Menge Energie.

LOVE

Zimtschweineöhrchen

FÜR 15–18 STÜCK

ZEITBEDARF: 15 MINUTEN • 20 MINUTEN BACKEN

ZUTATEN:

- 4 EL Zucker
- 2 TL Zimt
- 1 Packung Blätterteig aus dem Kühlregal

1. Den Backofen auf 200 °C Ober-/Unterhitze vorheizen. Ein Backblech mit Backpapier auslegen.
2. Zucker und Zimt in einer Schüssel vermischen.
3. Den Teig ausrollen und gleichmäßig mit dem Zimtzucker bestreuen. Dann von den beiden Längsseiten her zur Mitte hin einrollen. Anschließend die Rolle mit einem scharfen Messer in etwa 1 cm dicke Scheiben schneiden. Die Scheiben etwas zusammendrücken und mit Abstand zueinander auf das Backblech legen.
4. Schweineöhrchen in 15–20 Minuten im Ofen auf mittlerer Schiene goldbraun backen.

Hübsch sieht es aus, wenn Sie die Schweineöhrchen noch mit Schokoladenguss verzieren. Dazu Zartbitterschokolade in einer Schüssel im Wasserbad schmelzen und die Schweineohren zur Hälfte eintauchen.

Leckeres Baiser

FÜR CA. 20 MITTELGROSSE ODER 40 KLEINE BAISERS
ZEITBEDARF: 15 MINUTEN • CA. 70 MINUTEN BACKEN

ZUTATEN:

4 Eiweiß (Größe M)
1 Prise Salz
200 g feiner Zucker

1. Den Backofen auf 100 °C Ober-/Unterhitze vorheizen. Ein Backblech mit Backpapier auslegen.
2. Das Eiweiß mit dem Salz in einer Schüssel bei hoher Geschwindigkeit mit dem Handrührgerät steif schlagen.
3. Anschließend den Zucker unter ständigem Rühren langsam einrieseln lassen. So lange weiterschlagen, bis eine feste, glänzende Baisermasse entstanden ist.
4. Die fertige Baisermasse mithilfe eines Esslöffels oder Spritzbeutels in der gewünschten Form auf das Backblech setzen und ca. 70 Minuten im Ofen backen.

Für bunte Abwechslung sorgen ein paar Tropfen flüssige Lebensmittelfarbe.
Damit das Eiweiß richtig steif wird, muss die Schüssel absolut fettfrei sein, und es darf keine Spur von Eigelb im Eiweiß enthalten sein.

KALORIEN
schmecken
EINFACH BESSER ALS
VITAMINE

Oatmealkörbchen

FÜR 8 STÜCK
ZEITBEDARF: 20 MINUTEN • 15 MINUTEN BACKEN

ZUTATEN:

- 2 reife mittelgroße Bananen
- 100 g flüssiger Honig
- 130 g Haferflocken

- Muffinblech oder 8 Silikonmuffinförmchen

1. Die Mulden eines Muffinblechs leicht fetten und den Backofen auf 180 °C Ober-/Unterhitze vorheizen.
2. Die Bananen schälen und in einer Schüssel mit einer Gabel zu Brei zerdrücken.
3. Honig und Haferflocken hinzufügen und alles gut vermengen.
4. Masse auf 8 Mulden des Muffinblechs oder in Silikonmuffinförmchen verteilen und an den Boden und den Rand andrücken, sodass kleine Körbchen entstehen. Auf mittlerer Schiene 12–15 Minuten im Ofen backen, bis sie eine leicht goldene Farbe erreicht haben. Körbchen abkühlen lassen.

Die Oatmealkörbchen können Sie nach Belieben mit Joghurt füllen und mit Beeren garnieren. So machen sie auch auf der Kaffeetafel eine gute Figur. Haferflocken zählen zu den gesündesten Lebensmitteln überhaupt. Deshalb sind diese Körbchen eine gesunde, vitaminreiche und lange sättigende Leckerei, zu der auch Kinder nicht Nein sagen.

Schokoladencroissant

FÜR 12 STÜCK

ZEITBEDARF: 20 MINUTEN • 20 MINUTEN BACKEN

ZUTATEN:

- 1 Packung Blätterteig aus dem Kühlregal
- 12 TL Nuss-Nugat-Creme
- 3 EL brauner Zucker

1. Den Backofen auf 180 °C Ober-/Unterhitze vorheizen. Ein Backblech mit Backpapier auslegen.
2. Den Blätterteig auf einer Arbeitsfläche ausrollen und der Länge nach halbieren. Die beiden Teighälften in jeweils 3 Quadrate teilen und diese in je 2 Dreiecke schneiden.
3. Die Dreiecke mit der Spitze nach oben zurechtlegen. Auf jedes Dreieck an der unteren Seite 1 TL Nuss-Nugat-Creme verstreichen. Anschließend den Teig von unten zu den Spitzen hin zu Hörnchen aufrollen.
4. Croissants auf dem Backblech verteilen und mit Zucker bestreuen. Im Backofen in 20 Minuten goldbraun backen.

Shortbread

FÜR CA. 11 KEKSE

ZEITBEDARF: 15 MINUTEN • 1 STUNDE KÜHLEN • 40 MINUTEN BACKEN

ZUTATEN:

200 g weiche Butter
140 g Zucker
300 g Weizenmehl Typ 405

1. Ein Backblech mit Backpapier belegen. Den Backofen auf 180 °C Ober-/Unterhitze vorheizen.
2. Alle Zutaten in eine Schüssel geben und mit den Händen zu einem glatten Teig verkneten.
3. Dann den Teig etwas flach drücken, in Frischhaltefolie wickeln und etwa 1 Stunde im Kühlschrank ruhen lassen.
4. Teig zwischen zwei Lagen Backpapier gleichmäßig zu einem ca. 1 ½ cm dicken Rechteck ausrollen und dann in Streifen (2 x 8 cm) schneiden. Die Teigstücke auf das Backblech legen und mit einem Holzspieß oder einer Gabel ein paar Löcher in die Kekse stechen. Kekse in 30–40 Minuten im Ofen goldbraun backen. Vor dem Servieren auskühlen lassen.

Schön verpackt ist das Shortbread auch ein perfektes Mitbringsel zum Kaffee- oder Teekränzchen mit Freunden.

Nuss-Nugat-Kekse

FÜR CA. 11 KEKSE
ZEITBEDARF: 10 MINUTEN • 15 MINUTEN BACKEN

ZUTATEN:
- 200 g Nuss-Nugat-Creme
- 1 Ei (Größe M)
- 130 g Weizenmehl Typ 405

1. Den Backofen auf 180 °C Ober-/Unterhitze vorheizen. Ein Backblech mit Backpapier auslegen.
2. Alle Zutaten in eine Schüssel geben und mit einem Kochlöffel vermengen. Dann von Hand zu einem glatten Teig kneten.
3. Aus dem Teig kleine Kugeln formen und diese mit ausreichend Abstand zueinander auf das Backblech setzen und leicht flach drücken. Mit einer Gabel ein Muster eindrücken. Kekse 12–15 Minuten im Ofen backen.

Die Kekse können Sie noch mit gehackten Haselnüssen verfeinern. Sie sind superschnell fertig und der Renner auf jeder Kinderparty.

Kuchen

Beerenkuchen

FÜR 1 KUCHEN (18 CM Ø)
ZEITBEDARF: 20 MINUTEN • 3 STUNDEN KÜHLEN

ZUTATEN:

2 Päckchen Götterspeise Himbeergeschmack
500 g griechischer Joghurt
8–10 EL Zucker

Springform (18 cm Ø)

1. Die Götterspeise nach Packungsanleitung nur in 400 ml Wasser zubereiten, Zucker hinzufügen und alles gut rühren, bis der Zucker sich komplett gelöst hat. Dann abkühlen lassen.
2. Joghurt in einer Schüssel kurz verrühren und die abgekühlte Götterspeise mit einem Schneebesen unterrühren.
3. Die Joghurtcreme in die Springform füllen und gleichmäßig verstreichen. Vor dem Servieren mindestens 3 Stunden in den Kühlschrank stellen.

Kuchen nach Belieben mit frischem Obst, zum Beispiel Himbeeren, garnieren.
Sie können natürlich Ihre Lieblingsgötterspeise wählen: Erdbeere, Zitrone oder vielleicht Waldmeister.

Biskuitboden

FÜR 1 KUCHEN (20 CM Ø)
ZEITBEDARF: 15 MINUTEN • CA. 25 MINUTEN BACKEN

ZUTATEN:

140 g Weizenmehl Typ 405
5 Eier (Größe M)
140 g Zucker

Springform (20 cm Ø)

1. Die Zutaten für den Biskuit müssen alle Zimmertemperatur haben, damit er gelingt.
2. Den Backofen auf 160 °C Ober-/Unterhitze vorheizen. Die Springform nur am Boden mit Backpapier auslegen, den Rand jedoch nicht einfetten.
3. Das Mehl in eine Schüssel sieben.
4. Die Eier trennen. Das Eiweiß mit dem Handrührgerät in einer Schüssel steif schlagen, dabei den Zucker langsam einrieseln lassen. Anschließend einzeln die Eigelbe unterrühren. Danach das Mehl vorsichtig unterheben.
5. Masse in die Springform füllen und mit einem Löffel glatt streichen. Biskuit im Backofen in 15–25 Minuten goldbraun backen. Bei offener Tür auskühlen lassen.

Dieser Biskuitboden eignet sich sehr gut für alle Arten von Torten sowie Obstkuchen oder Desserts. Da er recht dick ist, kann man wunderbar zwei Schichten aus ihm machen und ihn mit Sahne füllen! Ich nasche ihn auch gerne pur – einfach mal so zum Kaffee oder Tee.

Erdnussbutterkuchen

FÜR 1 KUCHEN (26 CM Ø)
ZEITBEDARF: 15 MINUTEN • CA. 20 MINUTEN BACKEN

ZUTATEN:

5 Eier (Größe M)
6 EL Zucker
200 g Erdnussbutter mit Stücken

Springform (26 cm Ø)

1. Den Backofen auf 180 °C Ober-/Unterhitze vorheizen. Den Boden der Springform einfetten und mit Backpapier belegen.
2. Die Eier trennen. Das Eiweiß mit dem Zucker in einer Rührschüssel mit einem Handrührgerät zu steifem Schnee schlagen.
3. Die Eigelbe und die Erdnussbutter in eine zweite Schüssel geben und mit dem Handrührgerät ca. 5 Minuten verrühren, bis eine cremige Masse entsteht. Anschließend die Eiweißmasse unterheben.
4. Den Teig gleichmäßig in die Kuchenform verteilen und in ca. 20 Minuten im Ofen goldbraun backen. Den Kuchen bei offener Backofentür auskühlen lassen.

Hübsch sieht es aus, wenn Sie den fertigen Kuchen mit Erdnüssen dekorieren.

Haselnusskuchen

FÜR 1 KUCHEN (26 CM Ø)
ZEITBEDARF: 15 MINUTEN • 30 MINUTEN BACKEN

ZUTATEN:

- 6 Eier (Größe M)
- 200 g Puderzucker
- 250 g gemahlene Haselnüsse

Springform (26 cm Ø)

1. Den Backofen auf 180 °C Ober-/Unterhitze vorheizen. Den Boden der Springform einfetten und mit Backpapier belegen.
2. Die Eier trennen. Das Eiweiß in einer Rührschüssel mit einem Handrührgerät zu steifem Schnee schlagen. Dabei den Zucker langsam einrieseln lassen.
3. Anschließend nach und nach die Eigelbe unterrühren und danach die Haselnüsse vorsichtig unterheben.
4. Den Teig in die Kuchenform geben und im Backofen in 25–30 Minuten goldbraun backen. Den Kuchen bei offener Backofentür auskühlen lassen.

Zum Verzieren den Kuchen mit Puderzucker und Nüssen bestreuen.
Um festzustellen, ob der Kuchen fertig ist, am besten eine Stäbchenprobe durchführen. Dazu mit einem Holzspieß oder Zahnstocher in die Kuchenmitte stechen. Bleibt beim Herausziehen kein flüssiger Teig am Stäbchen kleben, ist der Kuchen fertig.

Honigkuchen

FÜR 1 KUCHEN (26 CM Ø)
ZEITBEDARF: 20 MINUTEN • 20 MINUTEN BACKEN

ZUTATEN:
6 Eier (Größe M)
7 EL flüssiger Honig
230 g Mandelblättchen

Springform (26 cm Ø)

1. Den Backofen auf 180 °C Ober-/Unterhitze vorheizen. Den Boden der Springform einfetten und mit Backpapier belegen.
2. Die Eier trennen. Das Eiweiß in einer Rührschüssel mit einem Handrührgerät zu steifem Schnee schlagen.
3. Die Eigelbe und den Honig in einer zweiten Schüssel mit dem Handrührgerät ca. 5 Minuten verrühren, bis eine cremige Masse entsteht.
4. Von den Mandelblättchen 2 EL zum Bestreuen beiseitestellen, den Rest in den Mixer geben und fein mahlen. Anschließend mit der Eigelb-Honig-Masse vermischen. Danach den Eischnee vorsichtig unterheben.
5. Den Teig in die Kuchenform geben, mit den restlichen Mandelblättchen bestreuen und 20 Minuten im Ofen backen. Den Kuchen bei offener Backofentür auskühlen lassen.

Wer keinen Mixer hat, verwendet fertig gemahlene Mandeln.

Japanischer Käsekuchen

FÜR 1 KUCHEN (18 CM Ø)
ZEITBEDARF: 20 MINUTEN • 30 MINUTEN BACKEN

ZUTATEN:

150 g weiße Schokolade
4 Eier (Größe M)
150 g Frischkäse, Doppelrahmstufe

Springform (18 cm Ø)

Wer will, kann den fertigen Kuchen noch mit Puderzucker bestäuben. Zum Schneiden am besten ein scharfes Messer verwenden.

1. Backofen auf 170 °C Ober-/Unterhitze vorheizen. Die Springform leicht einfetten und mit Backpapier auslegen, auch den Rand.
2. Da der Kuchen im Wasserbad gegart wird, die Form fest mit 1–2 Lagen Alufolie umwickeln, damit kein Wasser hineinläuft.
3. Schokolade in einer Schüssel im Wasserbad schmelzen und abkühlen lassen.
4. Die Eier trennen. Die Eigelbe in einer Schüssel mit dem Frischkäse vermengen. Anschließend mit der abgekühlten Schokolade verrühren, bis eine cremige Masse entsteht.
5. Das Eiweiß in einer zweiten Schüssel mit dem Handrührgerät steif schlagen. Danach behutsam unter die Schokoladen-Frischkäse-Mischung heben. Käsemasse in die Form füllen.
6. Die Form auf ein tiefes Backblech stellen und heißes Wasser in das Blech füllen.
7. Die Backform sollte 2–3 cm hoch im Wasser stehen. Blech in den Ofen schieben und Kuchen 15 Minuten backen. Dann die Temperatur auf 160 °C reduzieren und Kuchen weitere 15 Minuten backen. Anschließend den Ofen ausschalten und den Kuchen noch einmal 15 Minuten im geschlossenen Ofen stehen lassen. Dann herausnehmen und auf einem Gitter komplett auskühlen lassen.

Veganer Kokoskuchen

FÜR 1 KUCHEN (20 CM Ø)
ZEITBEDARF: 15 MINUTEN • 3 STUNDEN KÜHLEN

ZUTATEN:

800 ml Vanillesojamilch oder Mandelmilch
Vanille
150 g Kokosraspel
160 g Grieß

Springform (20 cm Ø)

1. Milch mit den Kokosraspeln in einen Topf geben und zum Kochen bringen. Dann den Grieß einrühren. Die Hitze reduzieren und die Masse unter ständigem Rühren 5 Minuten köcheln lassen.
2. Die Form mit etwas Öl einfetten. Die Masse gleichmäßig in der Form verteilen und den Kuchen 3 Stunden in den Kühlschrank stellen.

Für etwas mehr Süße 1–2 EL Zucker in den Teig geben.
Zum Kokoskuchen passt Himbeerkonfitüre hervorragend.
Für besondere Anlässe den Kuchen mit Kokospralinen verzieren.

Mohnkuchen

FÜR 1 KUCHEN (20 CM Ø)
ZEITBEDARF: 15 MINUTEN • 50 MINUTEN BACKEN

ZUTATEN:
- 5 Eier (Größe M)
- 200 g Puderzucker
- 250 g fertige Mohn-fix-Füllung

Springform (20 cm Ø)

1. Den Backofen auf 170 °C Ober-/Unterhitze vorheizen.
2. Die Eier trennen. Das Eiweiß in einer Rührschüssel mit einem Handrührgerät zu steifem Schnee schlagen. Dabei den Zucker langsam einrieseln lassen. Anschließend nach und nach die Eigelbe unterrühren. Danach den Mohn vorsichtig unterheben.
3. Den Teig gleichmäßig in der Kuchenform verteilen und 45–50 Minuten im Ofen backen. Unbedingt eine Stäbchenprobe machen. Bleibt kein Teig am Stäbchen hängen, ist der Kuchen fertig. Den Kuchen bei offener Backofentür auskühlen lassen.

Falls der Kuchen während des Backens schon zu braun wird und noch nicht durch ist, kann man ihn einfach mit Alufolie abdecken.
Um den Geschmack noch zu verfeinern, ein paar Tröpfchen Backaroma nach Belieben zufügen, z. B. Bittermandelaroma.
Zum Servieren den Kuchen mit Puderzucker bestäuben.

Nektarinencrumble

FÜR 2–4 PORTIONEN
ZEITBEDARF: 15 MINUTEN • 30 MINUTEN BACKEN

ZUTATEN:

800 g Nektarinen
3–4 EL Honig
250 g Knuspermüsli, Granola oder Crunchy

Kleine Auflaufform 28 x 20 cm oder 20 cm Ø

1. Den Backofen auf 180 °C Ober-/Unterhitze vorheizen.
2. Die Nektarinen waschen, entkernen und klein schneiden. In der gefetteten Auflaufform verteilen.
3. Honig in einem kleinen Topf schmelzen. Anschließend in einer Schüssel mit dem Knuspermüsli vermischen. Die Streusel gleichmäßig auf dem Obst verteilen und den Crumble 25–30 Minuten im Ofen backen, bis die Streusel goldbraun und knusprig sind. Gleich warm genießen!

Wer möchte, kann unter das Obst 1 Päckchen Bourbonvanillezucker mischen.
Dazu passt sehr gut Vanilleeis.
Statt der Nektarinen können Sie auch Ihr Lieblingsobst verwenden.

Süßes ohne Backen

Bananensushi

FÜR 4 PORTIONEN
ZEITBEDARF: 10 MINUTEN

ZUTATEN:

4 Tortillawraps
4 EL Nuss-Nugat-Creme
4 Bananen

1. Jede Tortilla mit 1 EL Nuss-Nugat-Creme bestreichen.
2. Die Bananen schälen, jeweils 1 Banane auf 1 Wrap legen und einrollen. Rollen anschließend in ca. 2 ½ cm breite Scheiben schneiden.

Wer möchte, kann die Bananensushis zum Servieren mit frischem Obst garnieren.
Statt Tortillas eignen sich auch gut Pfannkuchen.

RIET SUIKER
WESTER RUWE RIETSUIKER WORDT GEWONNEN UIT HET TROPISCHE GEWAS SUIKERRIET
DOOR DE AANWEZIGHEID VAN MELASSE IN DE RUWE RIETSUIKER HEEFT DE SUIKER NIET ALLEEN EEN DONKERE KLEUR MAAR BOVENDIEN EEN KARAKTERISTIEK AROMA
WESTER IS EEN WAARBORG VOOR DE GOEDE KWALITEIT VAN DEZE RUWE RIETSUIKER
DROOG BEWAREN

Dattel-Nuss-Energy-Balls

FÜR CA. 15 STÜCK
ZEITBEDARF: 35 MINUTEN

ZUTATEN:

200 g entkernte Datteln
120 g gemahlene Haselnüsse
4 TL rohes Kakaopulver

1. Datteln ca. 20 Minuten in einer Schüssel mit heißem Wasser einweichen.
2. Datteln und Haselnüsse in der Küchenmaschine oder mit dem Standmixer zu einer klebrigen Masse zerkleinern. Sie können auch einen Pürierstab verwenden.
3. Mit den Händen aus dem Teig kleine Kugeln formen und diese in Kakaopulver wälzen. Fertig!

Wenn Sie möchten, können Sie 2–3 TL Orangenlikör zum Teig geben.

Gesunder Energieriegel

FÜR CA. 10 STÜCK

ZEITBEDARF: 10–15 MINUTEN • 3 STUNDEN KÜHLEN

ZUTATEN:

250 g Nusskernmischung
150 g Trockenobstmischung, z. B. Cranberrys, Rosinen, Aprikosen
200 g entkernte Datteln

1. Alle Zutaten in der Küchenmaschine oder dem Standmixer zu einer klebrigen Masse zerkleinern. Anschließend mit den Händen gut verkneten.
2. Die Masse auf einer mit Backpapier belegten Fläche ca. 1–2 cm dick und rechteckig flach drücken. Zugedeckt mindestens 3 Stunden in den Kühlschrank stellen und anschließend die Riegel in die gewünschte Größe schneiden.

Sie können für dieses Rezept auch alternativ Studentenfutter verwenden.
Haben Sie keine Küchenmaschine und keinen Standmixer zu Hause, dann zerkleinern Sie die Zutaten einfach fein mit dem Messer.
Diese Riegel sind ein guter Snack für zwischendurch, denn sie machen lange satt und liefern viel Energie.

Himbeer-Schokoladen-Taler mit Popcorn

FÜR 10–15 STÜCK
ZEITBEDARF: 20 MINUTEN • 2–3 STUNDEN HÄRTEN

ZUTATEN:

400 g weiße Kuvertüre oder Schokolade
5 Himbeeren (alternativ rosa Lebensmittelfarbe)
ca. 50 g Popcorn

1. Die Schokolade in einer Schüssel im Wasserbad schmelzen.
2. Himbeeren waschen, durch ein Sieb streichen und dabei den Saft auffangen. Himbeersaft vorsichtig in die Schokolade rühren. Alternativ ein paar Tropfen rosa Lebensmittelfarbe hinzufügen.
3. Jeweils 1 EL der Schokolade in Kreisen auf einem Backpapier verteilen. Je dünner die Schokolade ist, desto feiner werden später die Taler.
4. Schokokreise mit Popcorn bestreuen und Schokoladentaler 2–3 Stunden abkühlen und fest werden lassen.

Achten Sie beim Kauf von weißer Schokolade bitte auf die Inhaltsstoffe.
Als Fett sollte lediglich Kakaobutter enthalten sein und nicht andere Fette wie zum Beispiel Palmöl.

Hirse-Vanille-Schnitten

FÜR 9 SCHNITTEN
ZEITBEDARF: 25 MINUTEN • 2–3 STUNDEN KÜHLEN

ZUTATEN:

- 270 g Hirse
- 900 ml Vanillesojamilch oder Mandelmilch Vanille
- 200 g Butterkekse

Backform (26 x 20 cm)

1. Die Hirse vor der Zubereitung in ein Sieb füllen und mit heißem Wasser waschen. (So werden die Bitterstoffe entfernt.) Anschließend zusammen mit der Milch in einen Topf geben und unter ständigem Rühren köcheln, bis die Hirse weich wird, das dauert ca. 20 Minuten. Danach mit dem Stabmixer fein pürieren und abkühlen lassen.
2. Die Backform mit Butterkeksen auslegen. Die Hirsecreme darauf verteilen und wieder mit Butterkeksen belegen.
3. Kuchen 2–3 Stunden in den Kühlschrank stellen und vor dem Servieren in 9 Stücke schneiden.

Wenn Sie den Kuchen süßer mögen, 1–2 EL Zucker hinzufügen. Verwenden Sie Bourbonvanillezucker, dann erhalten Sie ein schönes Vanillearoma.
Hirse ist mineralstoffreich, hat wenig Kalorien und ist sehr gesund.
Um einen komplett veganen Kuchen zu erhalten, einfach vegane Kekse wählen.

BISTR

Kleine Kokosriegel

FÜR CA. 10 STÜCK
ZEITBEDARF: 15 MINUTEN • 30 MINUTEN KÜHLEN

ZUTATEN:

200 g Kokosraspel
1 Dose gezuckerte Kondensmilch (ca. 400 g)
150 g Vollmilchschokolade

1. Die Kokosraspel in einer Schüssel mit der Kondensmilch vermischen.
2. Anschließend 30 Minuten in den Kühlschrank stellen.
3. Währenddessen die Schokolade in einer Schüssel im Wasserbad schmelzen.
4. Aus der Kokosmasse mit den Händen kleine Riegel formen. Die Riegel mit der geschmolzenen Schokolade bepinseln und abkühlen lassen.

Mandelkrokant

FÜR 15–20 STÜCK

ZEITBEDARF: 20 MINUTEN • CA. 30 MINUTEN TROCKNEN

ZUTATEN:

100 g Zucker
100 g Butter
100 g Mandelsplitter

1. Ein Backblech mit Backpapier auslegen.
2. Eine Pfanne auf mittlerer Stufe erhitzen und Zucker und Butter darin unter ständigem Rühren zum Schmelzen bringen. Wenn die Masse eine goldbraune Farbe annimmt (nach ca.15 Minuten), die Mandeln dazugeben und alles gut vermischen.
3. Masse auf das Backblech streichen und ca. 30 Minuten trocknen lassen. Wenn der Krokant fest ist, mit den Händen in Stücke brechen.

Paleopancakes

FÜR 10 STÜCK
ZEITBEDARF: 10 MINUTEN • 20 MINUTEN BACKEN

ZUTATEN:
3 reife Bananen
6 Eier (Größe M)
60 g Kokosmehl

1. Bananen schälen, in Stücke schneiden und mit den restlichen Zutaten in einem Mixer (oder mit dem Pürierstab) pürieren.
2. Der Teig soll schön dickflüssig sein, bei Bedarf noch 1–2 TL Kokosmehl zusätzlich dazugeben.
3. Etwas Öl oder Kokosöl in einer Pfanne erhitzen, etwas Teig hineingeben und von beiden Seiten backen, bis der Pancake goldbraun ist. Dabei vorsichtig wenden. Den Vorgang wiederholen, bis der Teig aufgebraucht ist.

Wenn Sie die Pancakes in kleinen Metallringen backen, werden sie schön gleichmäßig rund. Mit etwas Honig und vielen frischen Früchten schmecken die Pancakes besonders gut und sind ein perfekter Start in den Tag.

Puffreisriegel

FÜR CA. 9 RIEGEL
ZEITBEDARF: 10 MINUTEN • 2 STUNDEN KÜHLEN

ZUTATEN:

400 g Vollmilchschokolade
100 g gepuffter Dinkel-, Weizen- oder Vollkornreis

Kleine Auflaufform (19 x 23 cm)

1. Die Schokolade in einer Schüssel im Wasserbad schmelzen. Dann den Puffreis dazugeben und beides gut vermischen.
2. Die Form mit Backpapier auslegen. Die Masse gleichmäßig darin verteilen und etwas andrücken. 1–2 Stunden in den Kühlschrank stellen.
3. Nach der Kühlzeit Masse in Quadrate schneiden.

Hier können Sie Ihre Lieblingsschokolade verwenden. Den gepufften Reis bekommen Sie problemlos in gut sortierten Bio-Läden.

Schokocrossies

FÜR 20–25 STÜCK
ZEITBEDARF: 15 MINUTEN

ZUTATEN:

200 g Vollmilchschokolade
120 g Cornflakes

1. Ein Backblech mit Backpapier auslegen.
2. Die Schokolade in einer Schüssel im Wasserbad schmelzen.
3. Die Cornflakes zur geschmolzenen Schokolade geben und beides verrühren, bis die Flakes gut mit Schokolade überzogen sind.
4. Mit 2 Teelöffeln kleine Häufchen auf das Backblech setzen. Schokocrossies abkühlen lassen und kühl aufbewahren.

Sie können für die Schokocrossies natürlich Ihre Lieblingsschokolade verwenden.
Damit Sie schneller naschen können, die Schokohäufchen einfach im Kühlschrank abkühlen lassen.

Sesamkrokant

FÜR 10–15 STÜCK
ZEITBEDARF: 25 MINUTEN • 30 MINUTEN KÜHLEN

ZUTATEN:
200 g Zucker
2 TL Wasser
140 g Sesam

1. Zucker und Wasser in eine Pfanne geben und unter ständigem Rühren bei mittlerer Hitze zum Schmelzen bringen, bis das Ganze eine goldbraune Farbe annimmt. (Da ist ein bisschen Geduld gefragt.)
2. Dann den Sesam dazugeben und alles zügig vermischen.
3. Ein Backblech mit Backpapier belegen und die Masse darauf verstreichen. Mit einem zweiten Stück Backpapier bedecken und mit einem Nudelholz dünn ausrollen. Das obere Papier entfernen und den Krokant auskühlen lassen. Anschließend mit den Händen in die gewünschte Form brechen.

SUGAR

Peanutbuttercups

FÜR CA. 7 STÜCK
ZEITBEDARF: 15 MINUTEN • 2 STUNDEN KÜHLEN

ZUTATEN:

400 g Schokolade (davon 200 g Vollmilch, 200 g zartbitter)
200 g Erdnussbutter
1 TL Fleur de Sel

6–8 Silikonmuffinförmchen

1. Die Schokolade in einer Schüssel im Wasserbad schmelzen. Die Hälfte der Schokolade auf die Förmchen verteilen und für ca.10 Minuten ins Gefrierfach stellen, bis die Schokolade fest ist.
2. Anschließend 1 Teelöffel Erdnussbutter in die Mitte jedes Förmchens setzen. Die restliche Schokolade daraufgeben, sodass die Erdnusscreme vollständig damit bedeckt ist. Förmchen weitere1–2 Stunden in den Kühlschrank stellen.
3. Nach dem Abkühlen die Peanutbuttercups mit Fleur de Sel bestreuen.

Finden Sie die Peanutbuttercups zu groß zum Naschen, einfach mit einem scharfen Messer halbieren, oder Sie verwenden Miniförmchen dafür.

Leckeres Schokoladen-Chia-Dessert

FÜR 3–4 PORTIONEN
ZEITBEDARF: 10 MINUTEN • 3 STUNDEN KÜHLEN

ZUTATEN:

250 ml Milch
100 g Milchschokolade oder nach Belieben
6 EL Chiasamen

3–4 kleine Backförmchen oder Espressotassen

1. Die Milch mit der Schokolade und den Chiasamen in einen Topf geben und so lange unter Rühren erhitzen, bis die Schokolade geschmolzen ist.
2. Die Masse gleichmäßig in die Förmchen verteilen und 3 Stunden in den Kühlschrank stellen.

Wer möchte, kann die Desserts vor dem Servieren noch mit Chiasamen garnieren.

Herzhaftes

Baguettechips

FÜR CA. 30 STÜCK
ZEITBEDARF: 10 MINUTEN • CA. 13 MINUTEN BACKEN

ZUTATEN:

- 80 g Baguette vom Vortag
- 50 g Butter
- 3 TL klein gehackte Kräuter (z. B. Petersilie, Oregano)

1. Den Backofen auf 180 °C Ober-/Unterhitze vorheizen. Ein Backblech mit Backpapier auslegen.
2. Die Baguette in dünne Scheiben schneiden. Die Butter in einem Topf schmelzen lassen, die Kräuter hinzufügen und vermischen.
3. Die Baguettescheiben auf das Backblech legen, mit Kräuterbutter bestreichen und 10–13 Minuten im Ofen goldbraun backen. Dabei im Auge behalten, damit das Brot nicht zu dunkel wird.

Mit diesem Rezept können Sie Baguette vom Vortag wunderbar weiterverarbeiten und müssen es nicht wegwerfen.
Sie können die Baguettechips in verschiedenen Variationen zubereiten: mit Knoblauch-Kräuter-Butter, Salbeibutter – probieren Sie einfach nach eigenem Belieben aus.

Brötchen

FÜR 8–10 BRÖTCHEN

ZEITBEDARF: 15 MINUTEN • 25 MINUTEN BACKEN • RUHEZEIT ÜBER NACHT

ZUTATEN:

- 330 ml lauwarmes Wasser
- 20 g Hefe
- 500 g Weizenmehl Typ 405

1. Wasser in eine große Schüssel geben und die Hefe darin auflösen. Das Mehl dazugeben und alles zu einem Teig verkneten.
2. Den Teig mit Frischhaltefolie abdecken und über Nacht in den Kühlschrank stellen.
3. Am nächsten Tag den Teig noch einmal durchkneten, anschließend Brötchen daraus formen. Die Brötchen auf ein mit Backpapier belegtes Backblech setzen und abgedeckt an einem warmen Ort noch einmal 15 Minuten gehen lassen. Wer es eilig hat, kann diesen Schritt auch überspringen.
4. Den Backofen auf 200 °C Ober-/Unterhitze vorheizen.
5. Mit einem scharfen Messer die Brötchen an der Oberseite leicht einschneiden. Blech in den Ofen schieben und Brötchen in 20–25 Minuten goldbraun backen. Vor dem Servieren kurz auskühlen lassen.

Um eine schöne Kruste zu bekommen, eine ofenfeste Schüssel mit Wasser auf den Herdboden stellen. Wer noch etwas mehr Geschmack wünscht, fügt ½ TL Salz dazu und bestreut die Brötchen vor dem Backen mit Mohn, Sesam oder Sonnenblumenkernen.

Fladenbrote

FÜR 6 STÜCK

ZEITBEDARF: 10 MINUTEN • 20 MINUTEN BACKEN

ZUTATEN:

300 g Weizenmehl Typ 405
1 TL Backpulver
250 g Naturjoghurt 3,5 % (Raumtemperatur)

1. Den Backofen auf 180 °C Ober-/Unterhitze vorheizen. Ein Backblech mit Backpapier auslegen.
2. Mehl in einer Schüssel mit dem Backpulver mischen. Anschließend den Joghurt unterrühren und alles zu einem geschmeidigen Teig kneten.
3. Danach handgroße Fladen aus dem Teig formen und auf das Backblech legen. Im Ofen in 15–20 Minuten goldbraun backen.

Sie können die Fladenbrote nach Belieben mit Sesam, Schwarzkümmel oder Fleur de Sel bestreuen. Sie sind eine einfache und leckere Beilage zu vielen Gerichten.

Käsechips

FÜR 15–20 STÜCK
ZEITBEDARF: 10 MINUTEN • 8 MINUTEN BACKEN

ZUTATEN:

150 g geriebener Parmesan oder italienischer Hartkäse
100 g geriebener Gouda

1. Den Backofen auf 200 °C Ober-/Unterhitze vorheizen. Ein Backblech mit Backpapier belegen.
2. Die beiden Käsesorten in einer Schüssel vermischen. Anschließend esslöffelweise Häufchen auf das Backpapier setzen und etwas flach drücken.
3. Chips im Ofen in 6–8 Minuten hellbraun backen. Bitte aufpassen, dass die Chips nicht zu dunkel werden, sonst schmecken sie bitter.
4. Abkühlen lassen und losknuspern!

Die Käsemischung können Sie nach Belieben mit Gewürzen wie Chili, Paprika, Pfeffer und Kräutern verfeinern.

Knusperstangen

FÜR CA. 9 STÜCK
ZEITBEDARF: 15 MINUTEN • 15 MINUTEN BACKEN

ZUTATEN:

- 1 Packung Blätterteig aus dem Kühlregal
- 1 Eigelb
- ca. 50 g geriebenen Käse, z. B. Gouda

1. Den Backofen auf 180 °C Ober-/Unterhitze vorheizen. Ein Backblech mit Backpapier belegen.
2. Den Blätterteig ausrollen und mit einem Messer in schmale Streifen schneiden. Die Streifen nach Belieben eindrehen.
3. Das Eigelb verrühren und die Streifen damit dünn bepinseln, dann mit Käse bestreuen. Auf ein Backblech legen und in 10–15 Minuten im Ofen goldbraun backen.

Sie können die Knusperstangen zur Abwechslung auch mit Mohn, Sesam oder Fleur de Sel bestreuen.

Lockerleichte Fladen

FÜR CA. 9 STÜCK
ZEITBEDARF: 10 MINUTEN • 15 MINUTEN BACKEN

ZUTATEN:

3 Eier (Größe M)
¼ TL Backpulver
3 EL Frischkäse

1. Den Backofen auf 150 °C Ober-/Unterhitze vorheizen. Ein Backblech mit Backpapier belegen.
2. Die Eier trennen. Das Eiweiß mit dem Backpulver in einer Schüssel mit dem Handrührgerät zu steifem Schnee schlagen.
3. Die Eigelbe in einer zweiten Schüssel mit dem Frischkäse vermengen. Anschließend vorsichtig den Eischnee unterheben.
4. Mit einem Esslöffel kleine Fladen auf das Backpapier setzen und diese in 15 Minuten im Ofen goldbraun backen.

Parmesantaler

FÜR CA. 20 STÜCK

ZEITBEDARF: 15 MINUTEN • 1 STUNDE KÜHLEN • 15 MINUTEN BACKEN

ZUTATEN:

120 g Butter
130 g geriebener Parmesan oder italienischer Hartkäse
150 g Weizenmehl Typ 405

Eierbecher oder Ausstechform

1. Ein Backblech mit Backpapier belegen.
2. Alle Zutaten in eine Schüssel geben und mit den Händen zu einem glatten Teig verkneten. Teig in Frischhaltefolie wickeln und 1 Stunde kalt stellen.
3. Den Backofen auf 180 °C Ober-/Unterhitze vorheizen.
4. Den Teig zwischen zwei Lagen Backpapier gleichmäßig 3–5 mm dick ausrollen. Mit einem Eierbecher oder einer Ausstechform Kreise ausstechen und diese auf das Backblech legen. Taler in 15 Minuten im Ofen goldbraun backen. Auskühlen lassen.

Die Parmesantaler sind ein tolles Fingerfood zum Snacken – unbedingt ausprobieren!

Saatenbrot

FÜR 1 KASTENFORM (25 CM)
ZEITBEDARF: 10 MINUTEN • 1 STUNDE BACKEN

ZUTATEN:

5 Eier (Größe M)
30 ml Speiseöl
500 g gemischte Nüsse und Saaten (z. B. Nussmischung, Sonnenblumenkerne, Kürbiskerne), davon unbedingt 100 g geschrotete Leinsamen

Kastenform (25 cm)

1. Den Backofen auf 160 °C Ober-/Unterhitze vorheizen. Die Kastenform mit Backpapier auslegen.
2. Die Eier in einer Schüssel mit dem Öl gut verquirlen.
3. Die Nüsse und Saaten dazugeben und alles mit einem Löffel kräftig umrühren, bis sich eine kompakte Masse bildet.
4. Teig in die Kastenform füllen, glatt streichen und 1 Stunde im Ofen backen.
5. Form aus dem Ofen nehmen und Brot auf einem Kuchengitter vollständig abkühlen lassen.

Mit den knackigen Nüssen liefert das Brot viel Energie.

Schnelles Dinkelbrot

FÜR 1 KASTENFORM (30 CM)
ZEITBEDARF: 10 MINUTEN • 45 MINUTEN BACKEN

ZUTATEN:

500 g Dinkelmehl Typ 630
500 ml lauwarme Milch
1 Päckchen Backpulver

Kastenform (30 cm)

1. Den Backofen auf 200 °C Ober-/Unterhitze vorheizen. Die Kastenform einfetten und mit etwas Mehl bestäuben.
2. Alle Zutaten in einer Rührschüssel mit dem Handrührgerät gut vermischen.
3. Den Teig in die Kastenform füllen und in 45 Minuten im Ofen goldbraun backen. Vor dem Servieren auskühlen lassen.

Dieses Brot ist eine schnelle Alternative zu dem sonstigen Hefebrot und mindestens genauso lecker.

Zutatenregister

Auch als **E-Book** erhältlich

416 Seiten
24,99 € (D) | 25,70 € (A)
ISBN: 978-3-7423-0310-3

Das 6-Zutaten-Kochbuch

Über 190 schnelle und leckere Rezepte

Die neue Art des Kochens

Sie wünschen sich leckere und abwechslungsreiche Gerichte, die toll schmecken, auf dem Teller was hermachen und blitzschnell zubereitet sind – und das mit maximal sechs Zutaten? Dann brauchen Sie dieses Buch! Denn mit dem 6-Zutaten-Konzept müssen Sie nicht mehr nach exotischen Lebensmitteln oder Gewürzen suchen, keine schwierigen Zubereitungsarten mehr anwenden, und Sie benötigen nur wenig Zeit zum Kochen. Jedes der über 190 Rezepte ist wunderschön bebildert und wird auf einer Doppelseite dargestellt. Salate, Smoothies Desserts wie Schokoladenkuchen und Hauptmahlzeiten wie Lasagne oder vegetarische Burger gelingen so auch Kochanfängern. Viele Gerichte eignen sich sogar, um Gäste zu beeindrucken. So kann wirklich jeder leckere, gesunde und superschnelle Mahlzeiten zaubern – Kochen war noch nie so einfach!

riva